颜真卿楷书集字

箴言描摹

李文采 编著

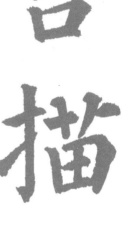

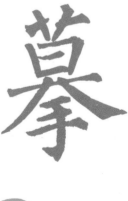

图书在版编目（CIP）数据

颜真卿楷书集字.箴言描摹 / 李文采编著. —— 杭州:
浙江人民美术出版社, 2020.11
ISBN 978-7-5340-8377-8

Ⅰ.①颜… Ⅱ.①李… Ⅲ.①楷书—碑帖—中国—唐
代 Ⅳ.①J292.24

中国版本图书馆CIP数据核字(2020)第187466号

责任编辑　褚潮歌
责任校对　余雅汝　张利伟
责任印制　陈柏荣

颜真卿楷书集字：箴言描摹

李文采 / 编著

出版发行：浙江人民美术出版社
地　　址：杭州市体育场路347号
电　　话：0571-85105917
经　　销：全国各地新华书店
制　　版：杭州真凯文化艺术有限公司
印　　刷：杭州捷派印务有限公司
开　　本：787mm×1092mm　1/16
印　　张：6.375
字　　数：20千字
版　　次：2020年11月第1版
印　　次：2020年11月第1次印刷
书　　号：ISBN 978-7-5340-8377-8
定　　价：22.00元

浙江人民美术出版社

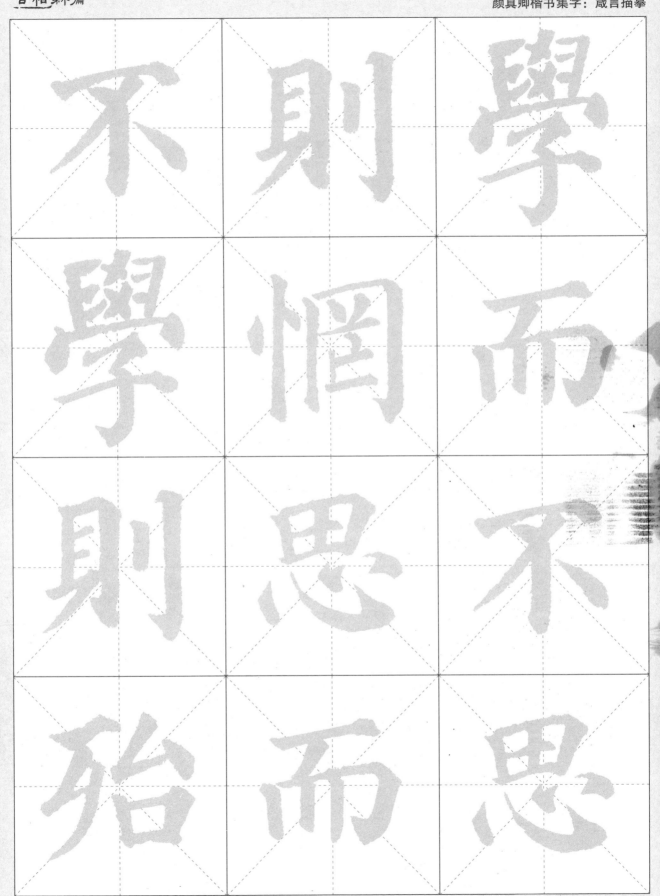

学而不思则惘，思而不学则殆。

善　過　人

莫　而　誰

大　能　無

焉　改　過

人谁无过，过而能改，善莫大焉。

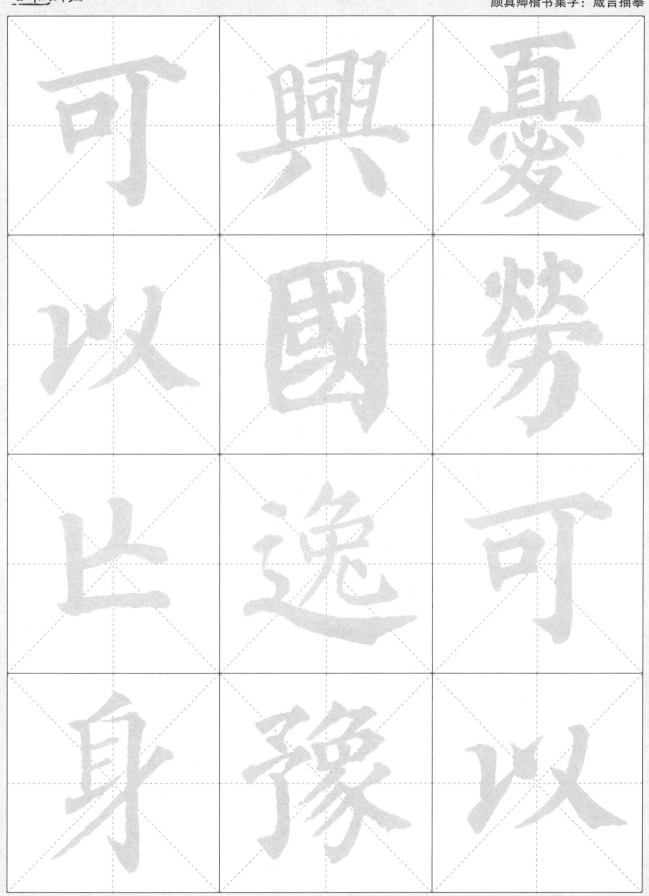

忧劳可以兴国，逸豫可以亡身。

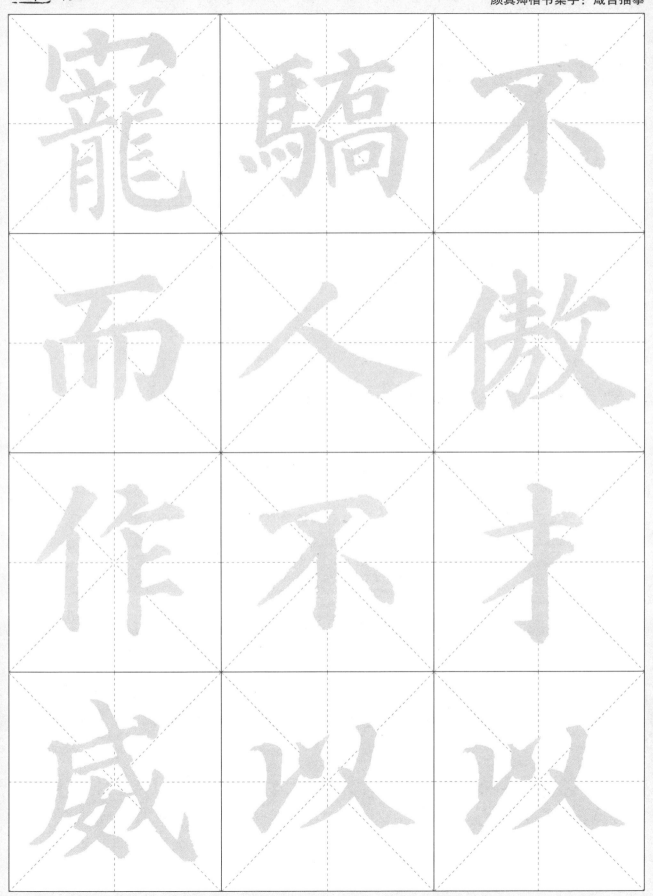

不傲才以骄人，不以宠而作威。

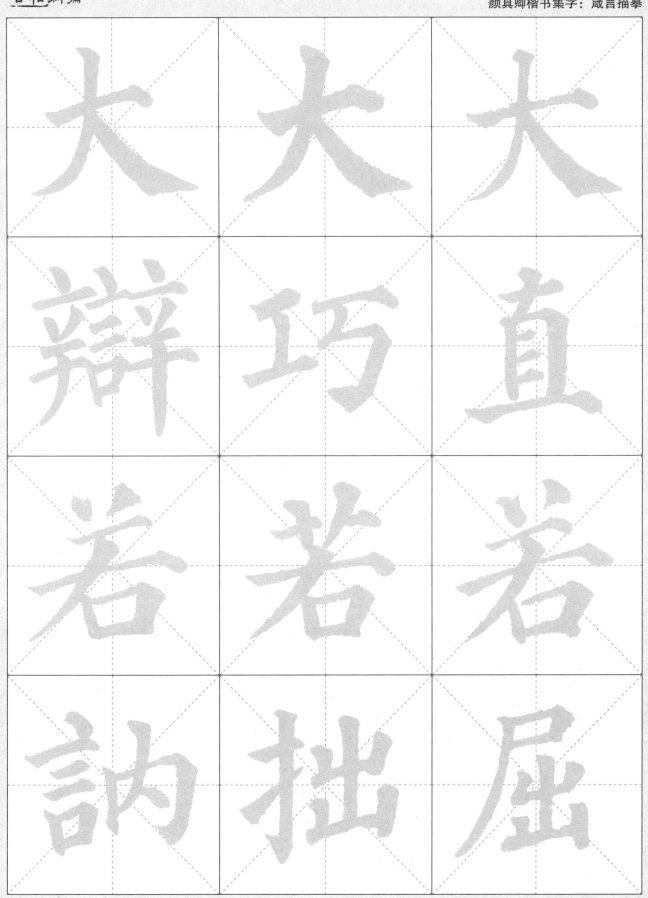

大直若屈，大巧若拙，大辩若讷。

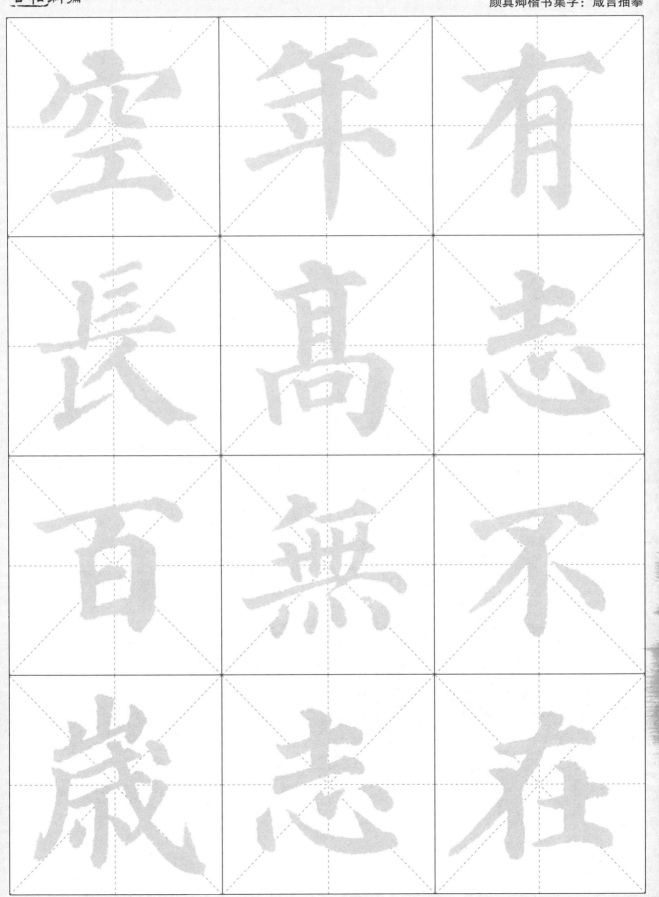

有志不在年高，无志空长百岁。

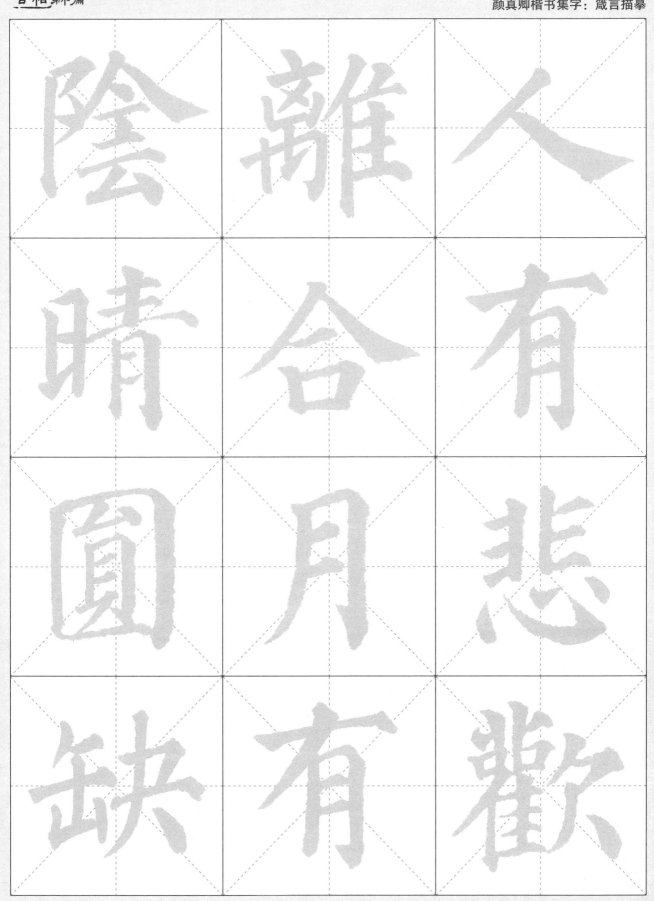

人有悲欢离合，月有阴晴圆缺。

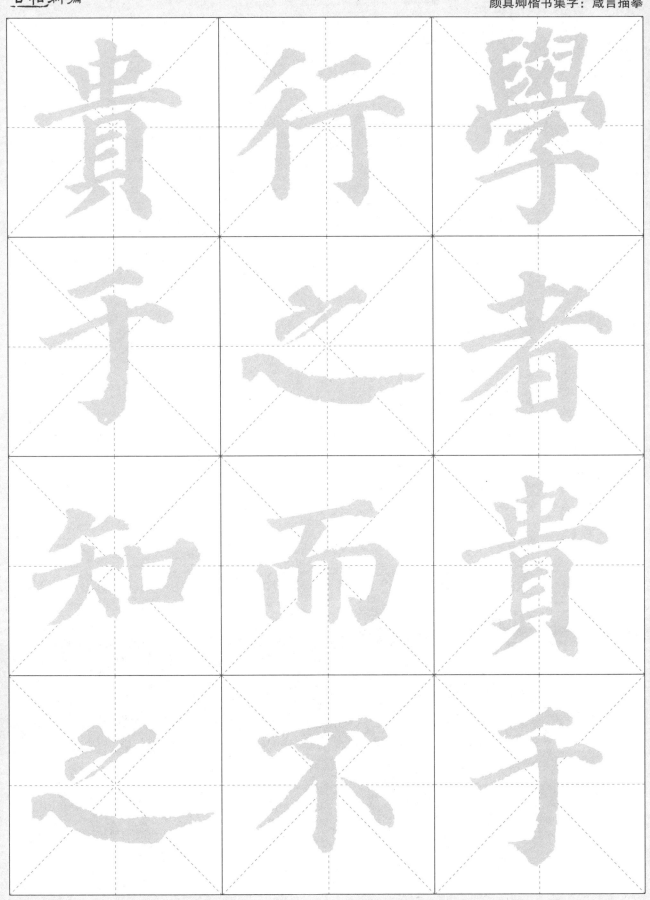

学者贵于行之，而不贵于知之。

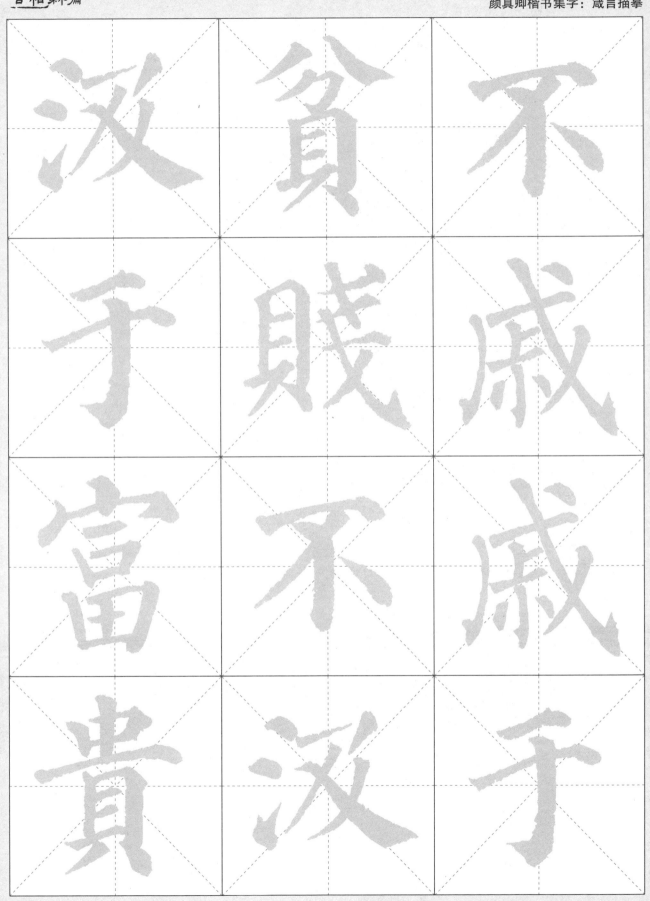

不戚戚于贫贱，不汲汲于富贵。

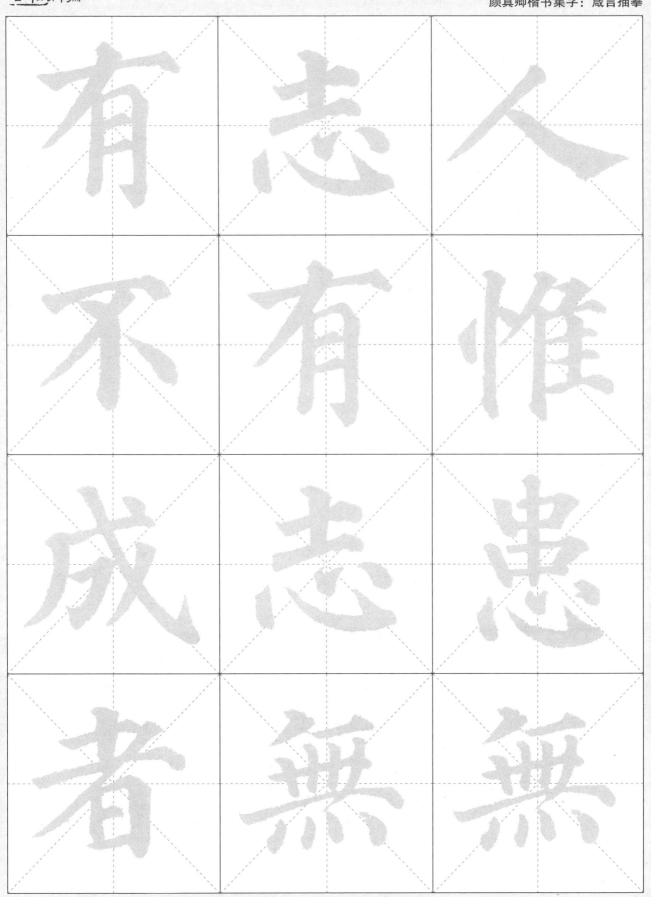

有 志 人
不 有 惟
成 志 患
者 无 无

人惟患无志，有志无有不成者。

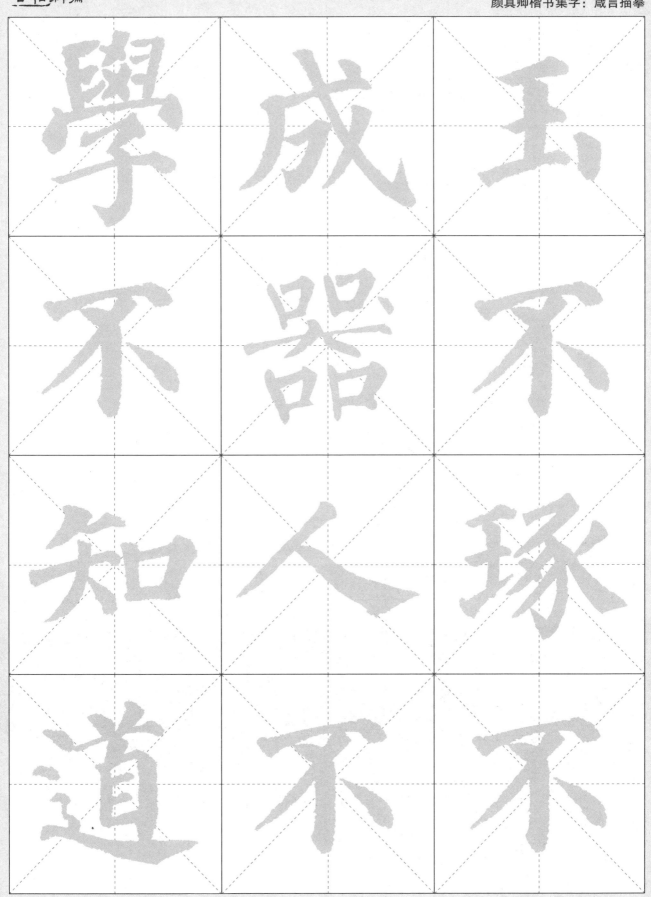

学

成

玉

不

器

不

知

人

琢

道

不

不

玉不琢，不成器；人不学，不知道。

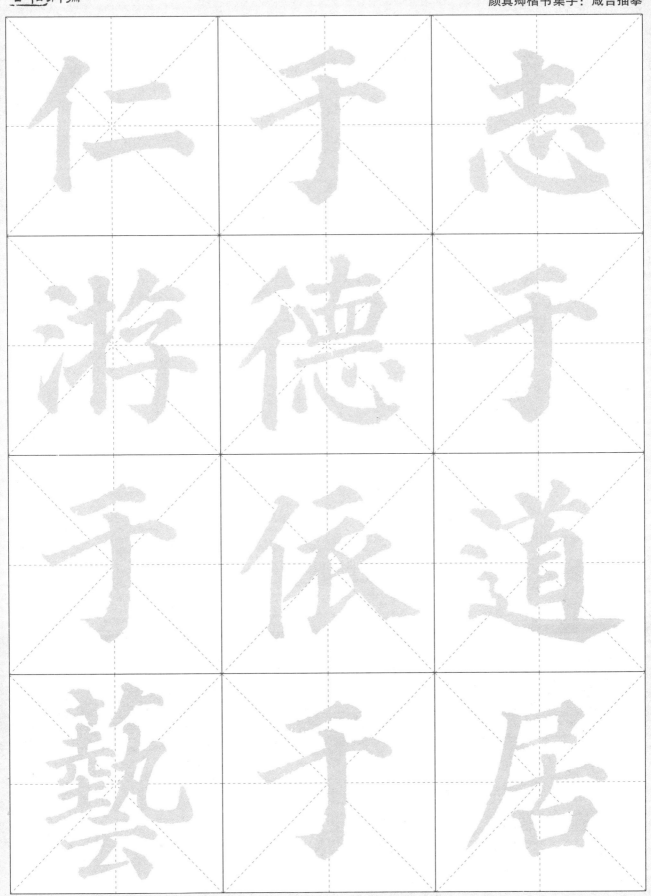

仁	于	志
游	德	于
于	依	道
藝	于	居

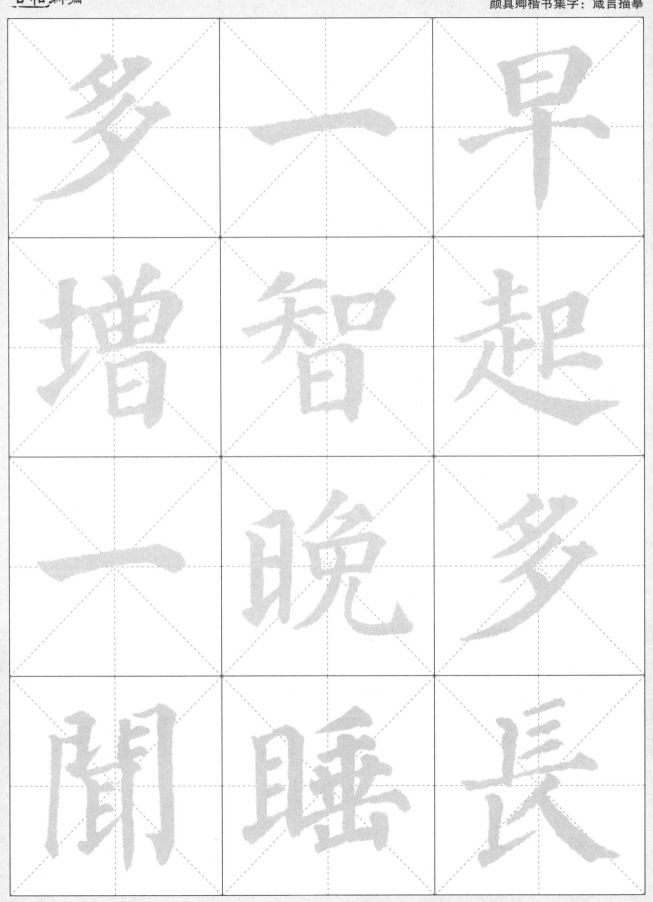

早起多长一智，晚睡多增一闻。

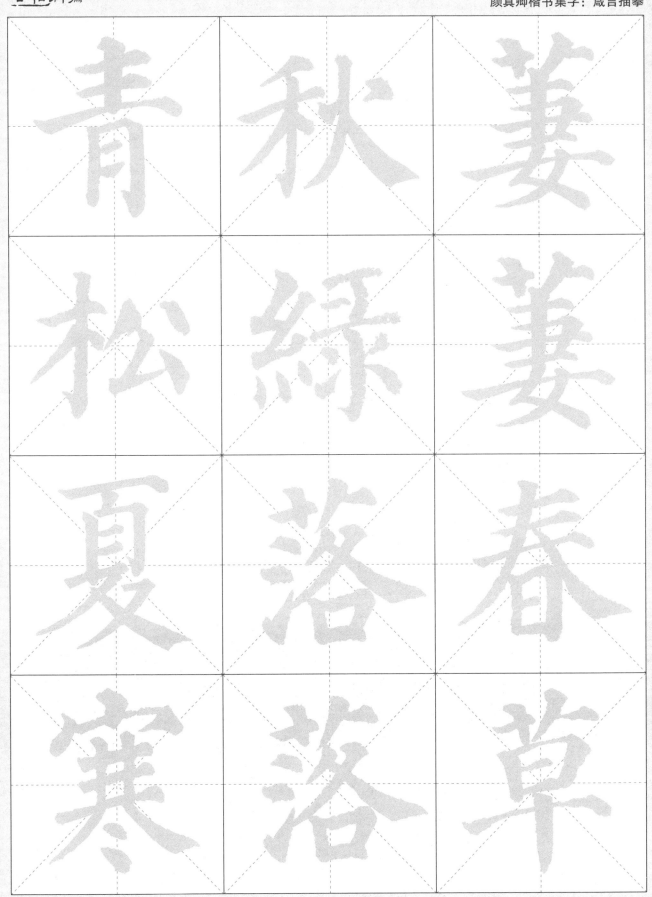

青　秋　姜

松　绿　姜

夏　落　春

寒　落　草

萋萋春草秋绿，落落青松夏寒。

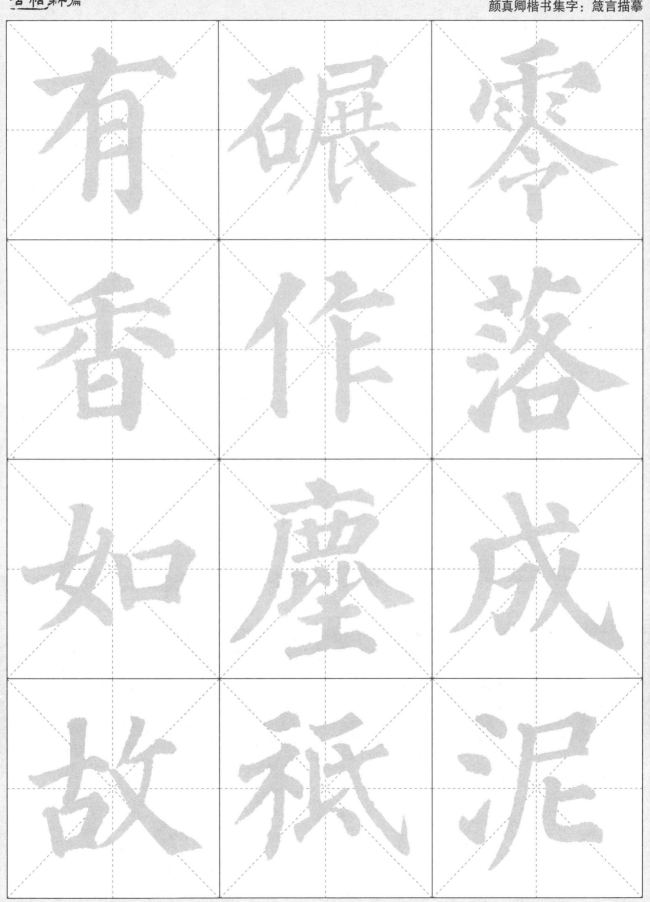

有　碾　零

香　作　落

如　塵　成

故　祇　泥

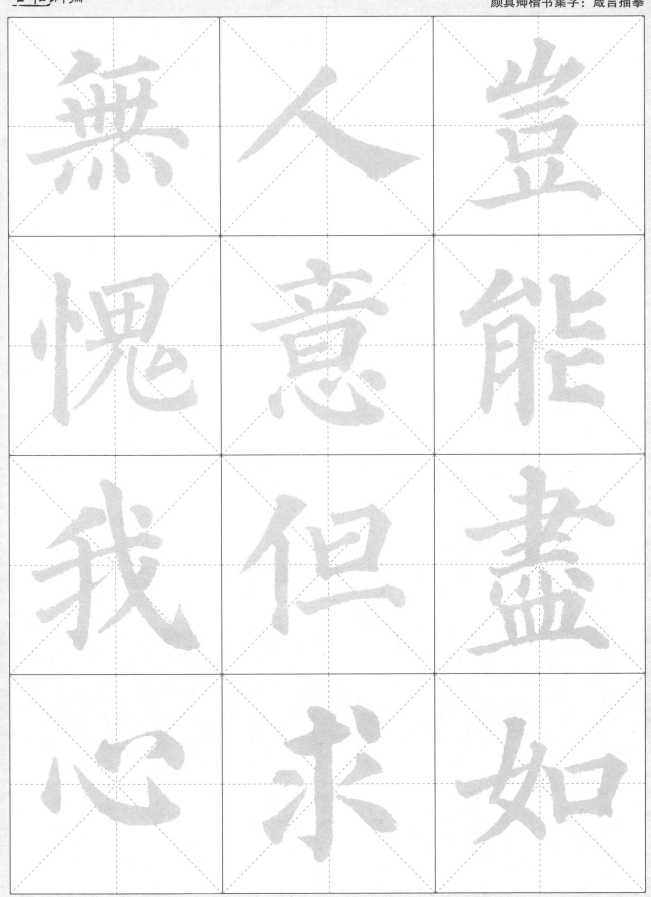

岂能尽如人意，但求无愧我心。

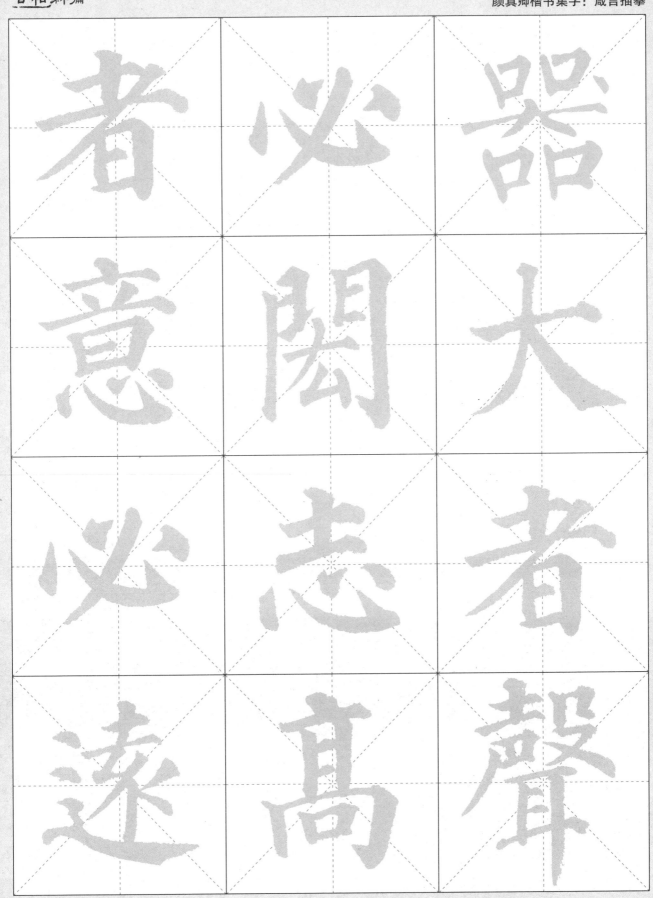

器大者声必闳，志高者意必远。

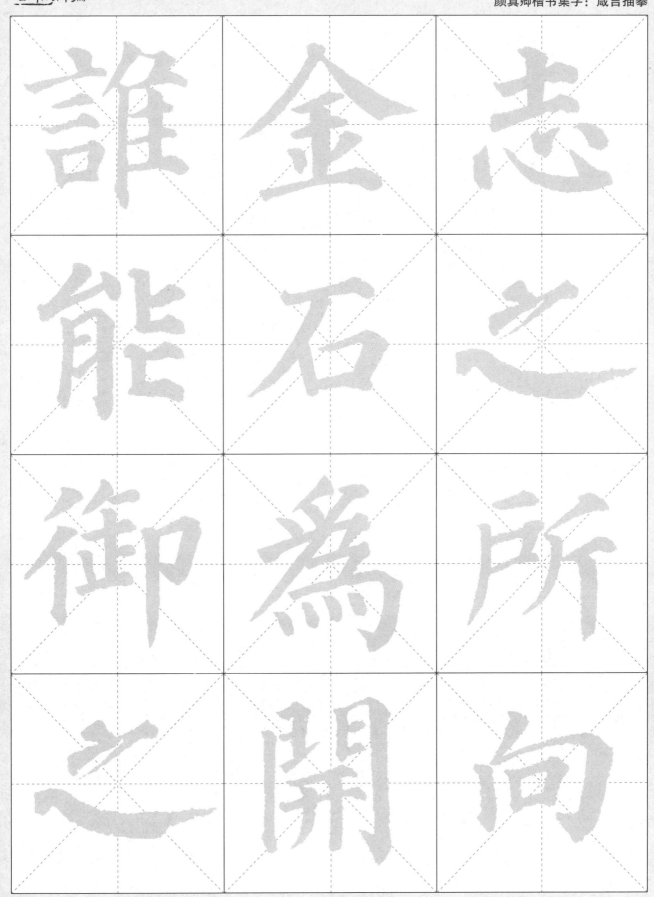

誰　金　志

能　石　之

御　爲　所

之　開　向

志之所向，金石为开，谁能御之？

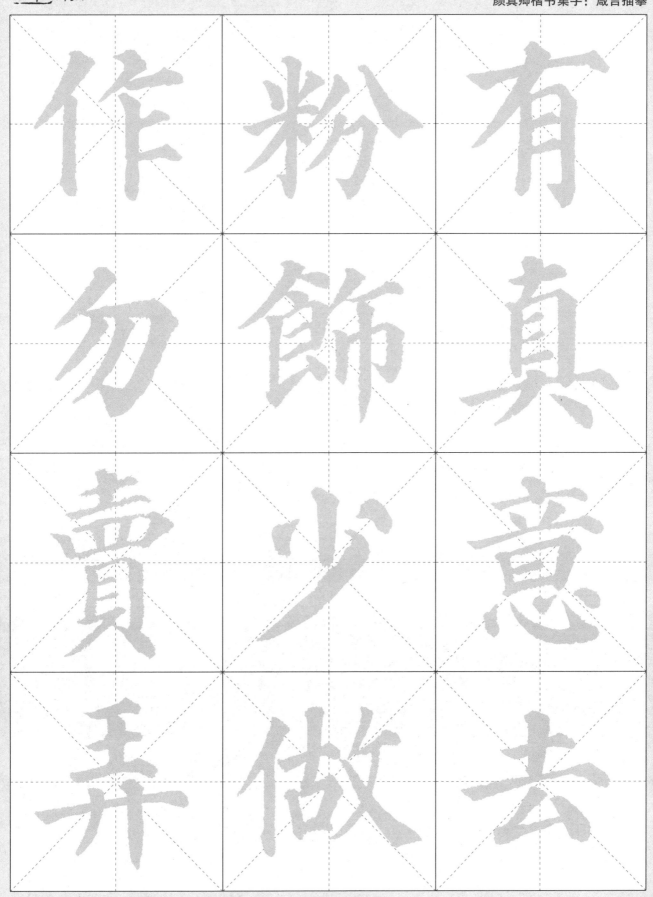

作　粉　有
勿　飾　真
賣　少　意
弄　做　去

有真意，去粉饰，少做作，勿卖弄。

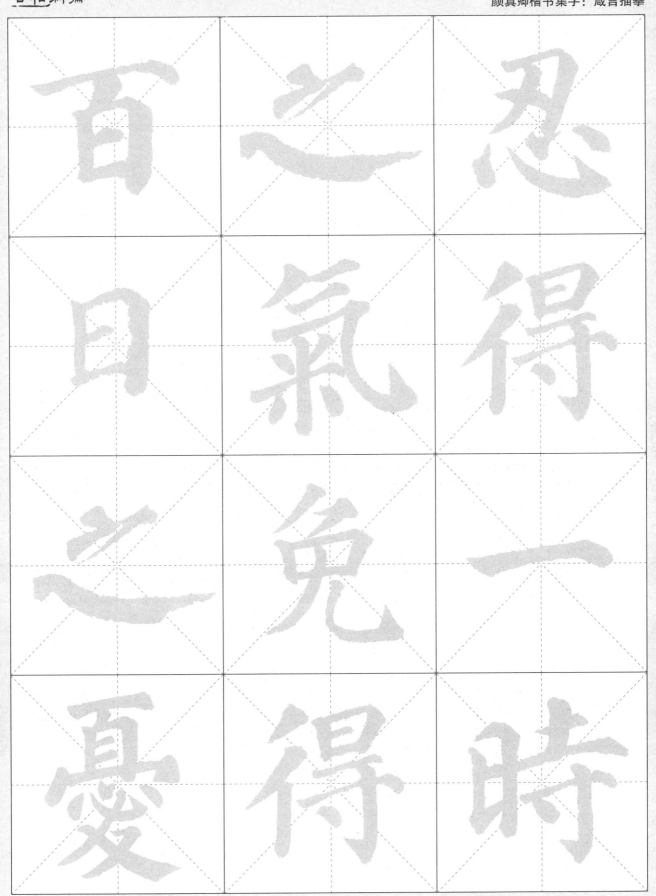

忍得一时之气，免得百日之忧。

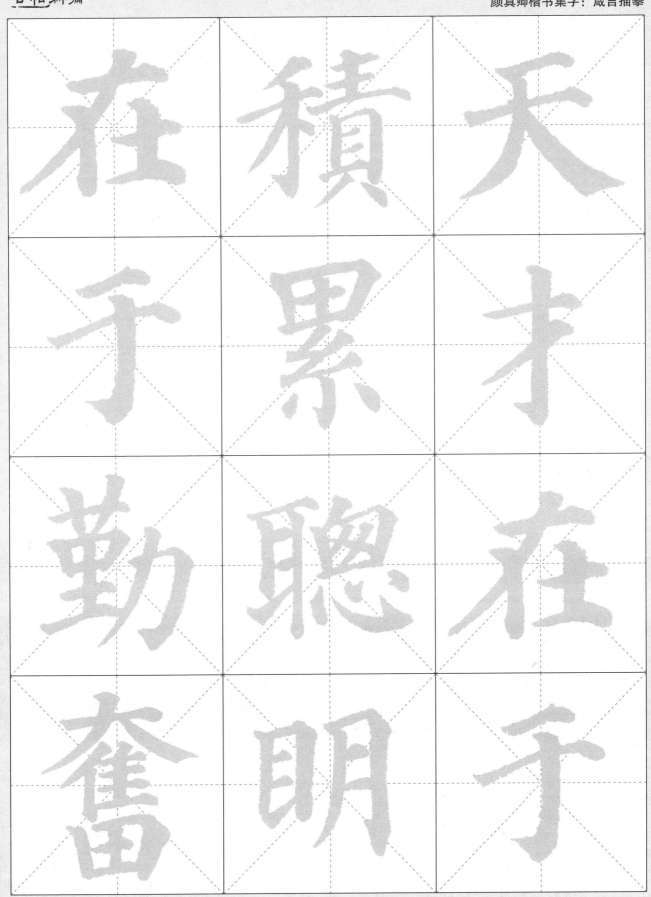

天才在于积累，聪明在于勤奋。

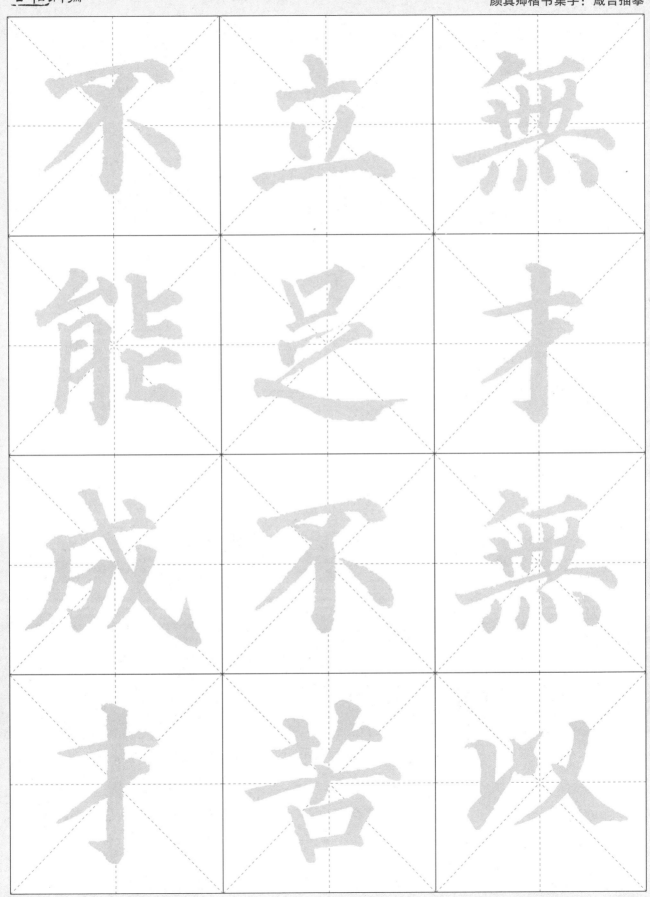

无才无以立足，不苦不能成才。

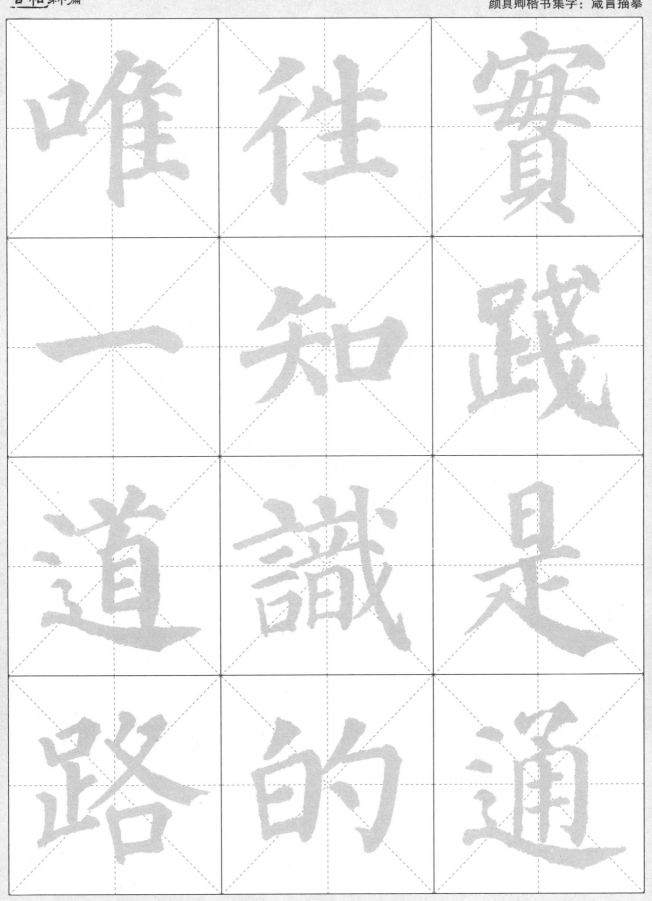

唯往實
一知踐
道識是
路的通

实践是通往知识的唯一道路。

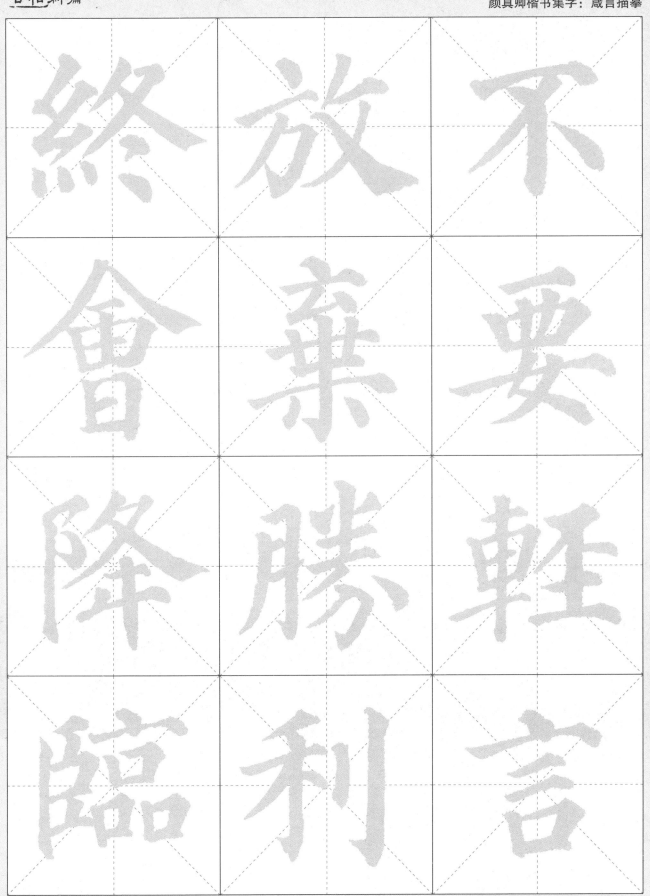

終　放　不

會　棄　要

降　勝　輕

臨　利　言

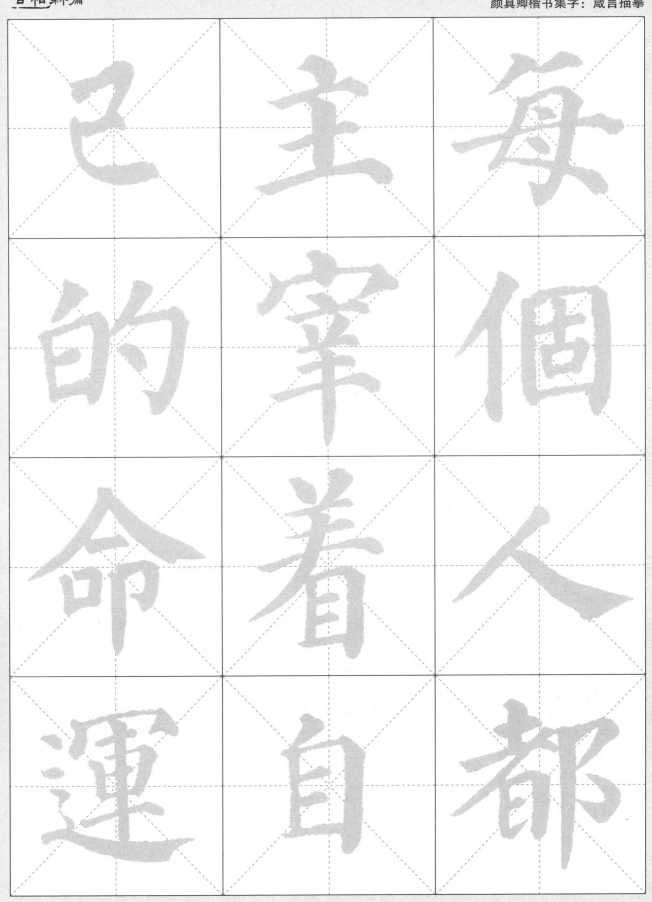

每个人都主宰着自己的命运。

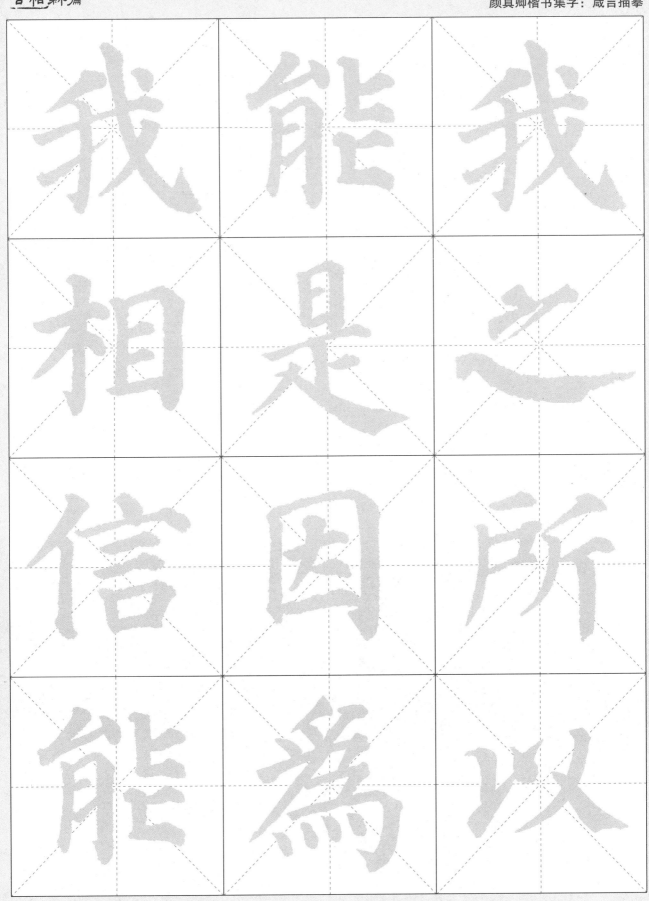

我之所以能，是因为我相信能。

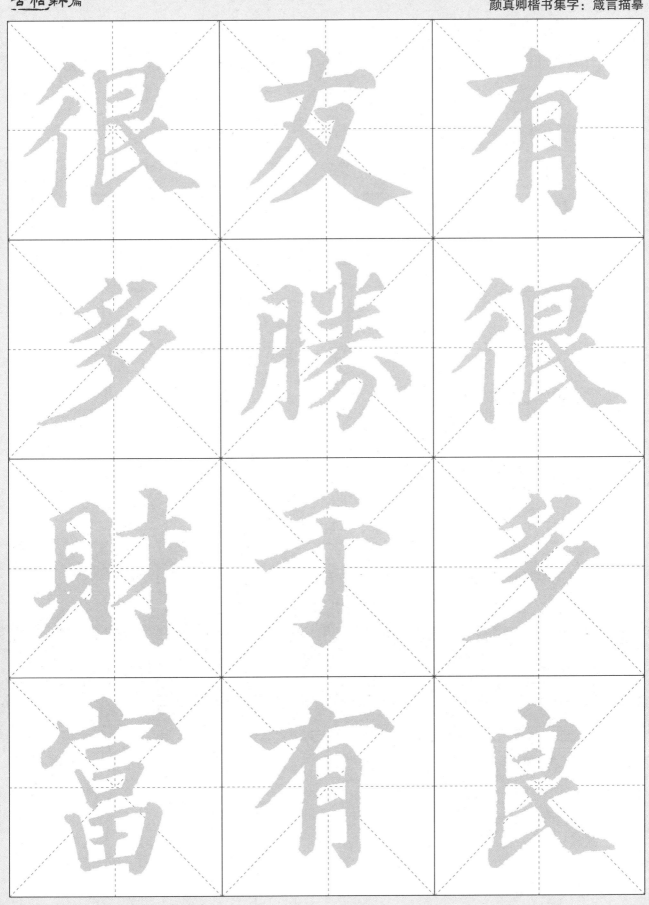

有很多良友，胜于有很多财富。

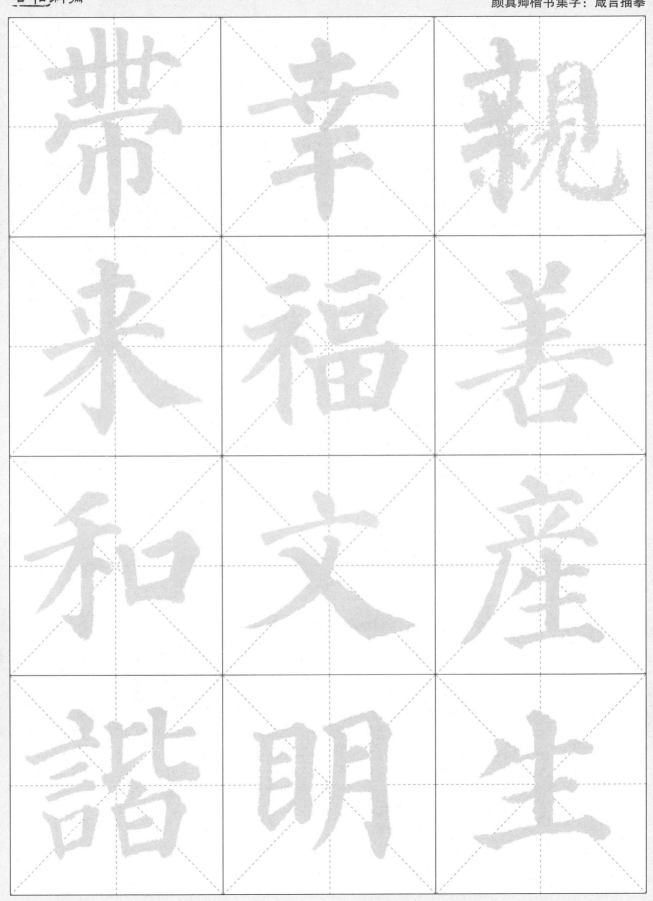

亲善产生幸福，文明带来和谐。

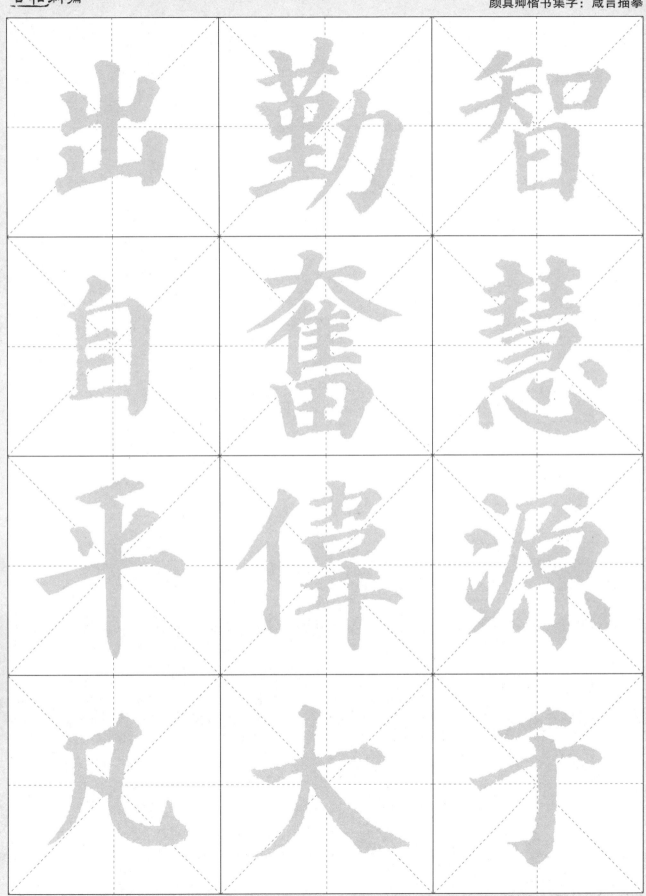

出 勤 智

自 奋 慧

平 伟 源

凡 大 于

智慧源于勤奋，伟大出自平凡。

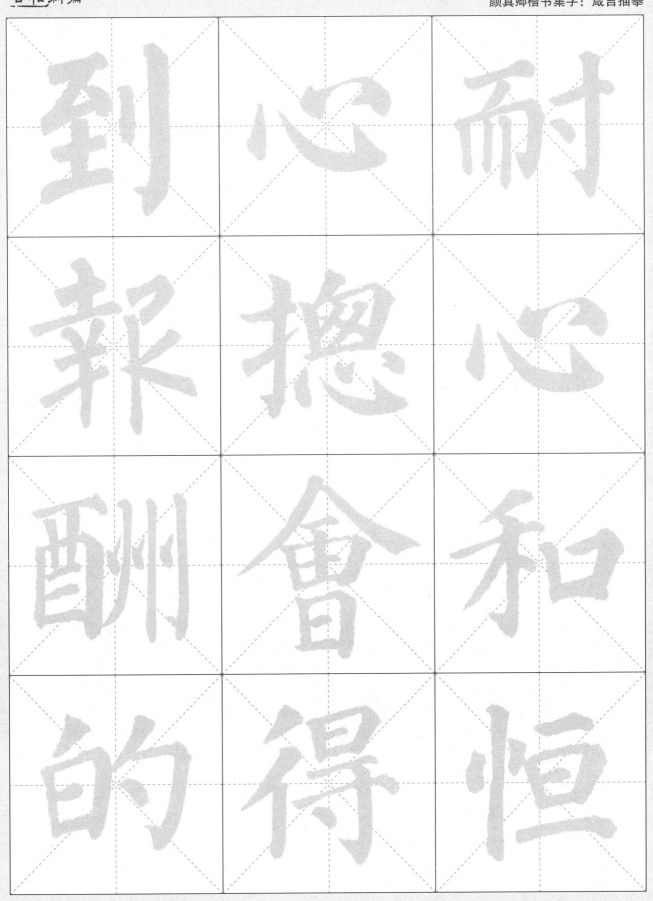

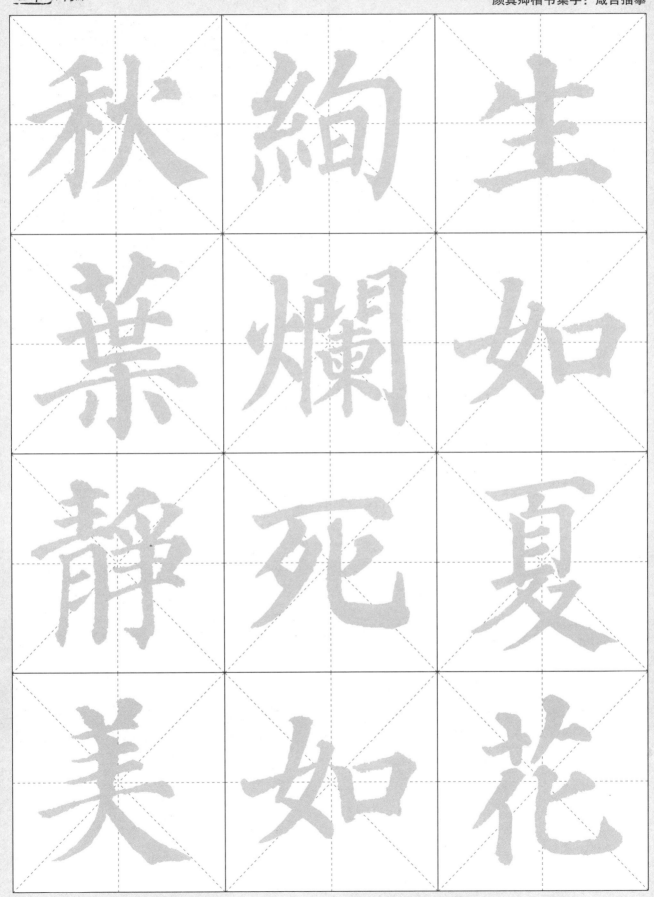

秋　絢　生
葉　爛　如
静　死　夏
美　如　花

生如夏花绚烂，死如秋叶静美。

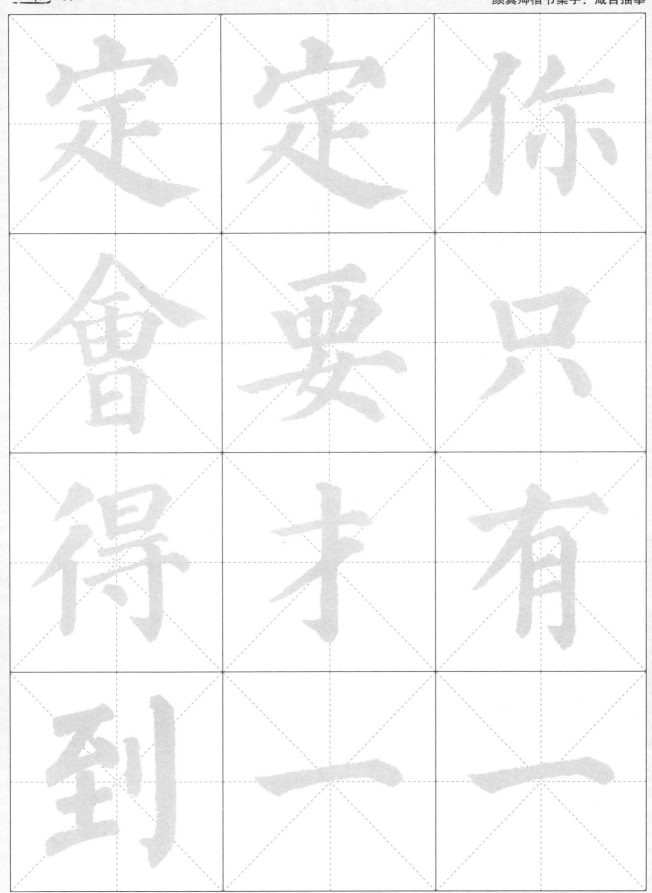

你只有一定要，才一定会得到。

也	的	放
放	人	棄
棄	時	時
他	閒	閒

放弃时间的人，时间也放弃他。

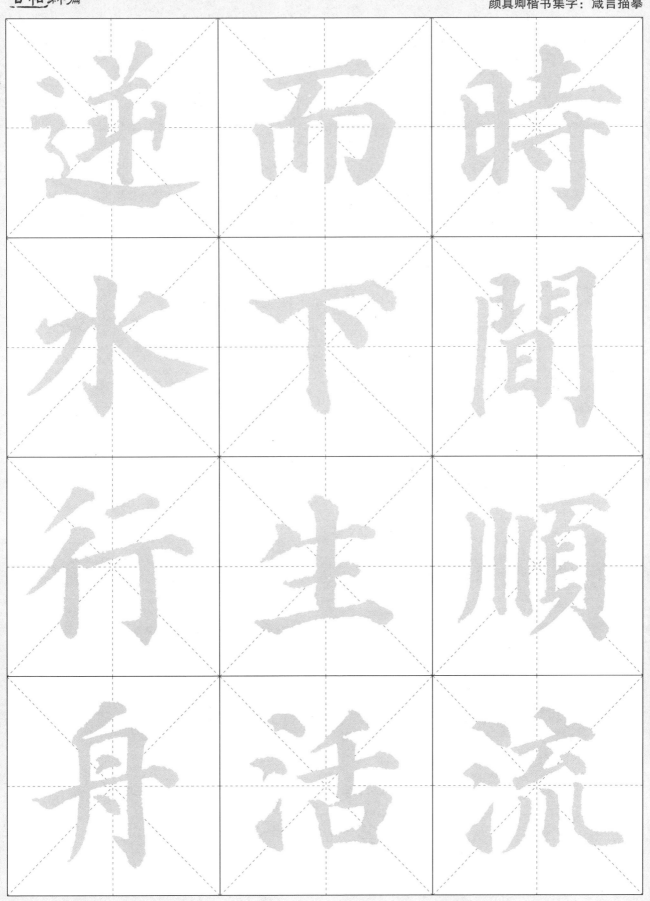

逆水行舟　而下生活　时间顺流

时间顺流而下，生活逆水行舟。

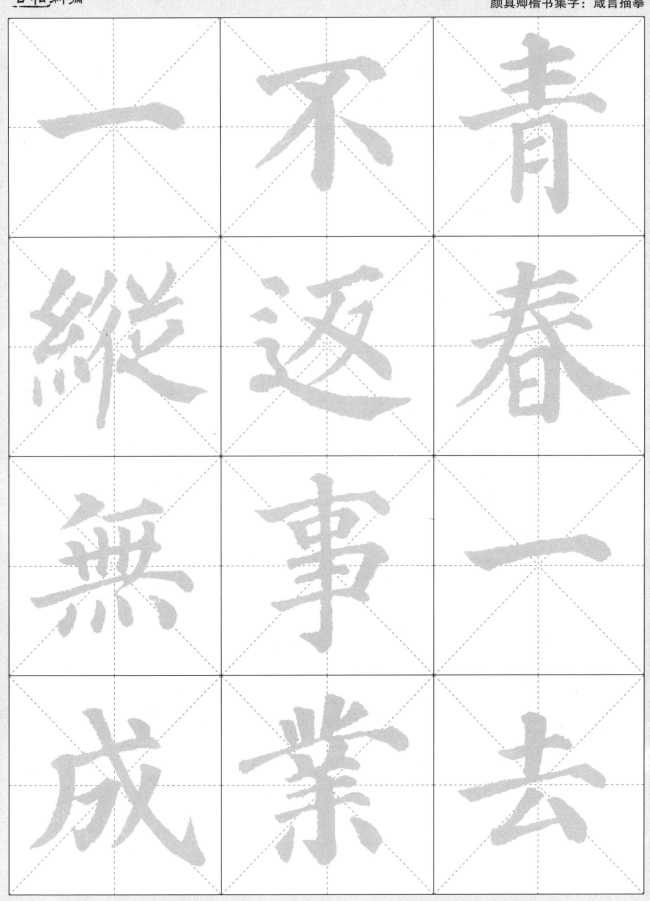

一 不 青

縱 逐 春

無 事 一

成 業 去

青春一去不返，事业一纵无成。

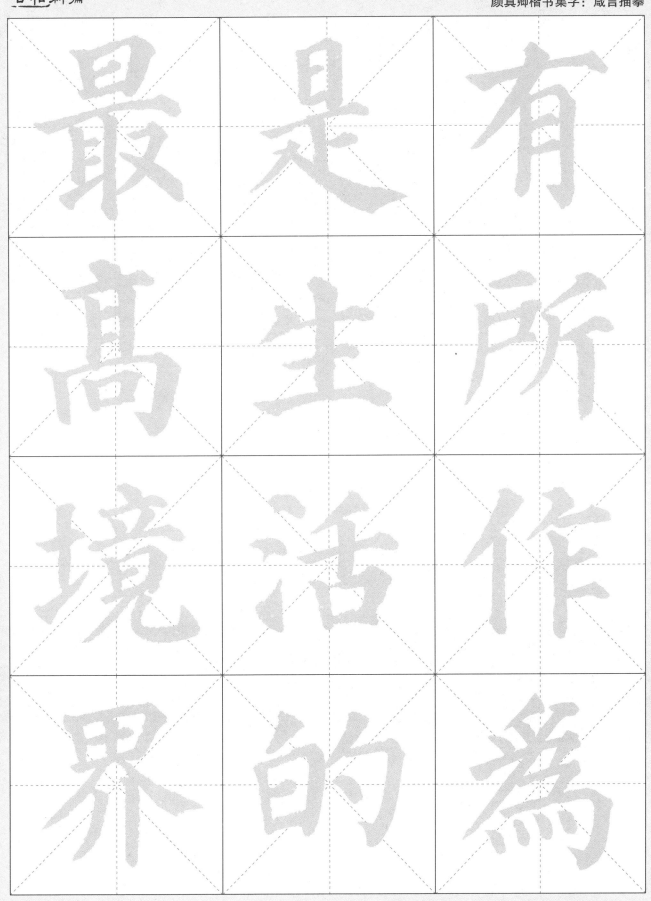

最 是 有

高 生 所

境 活 作

界 的 为

有所作为是生活的最高境界。

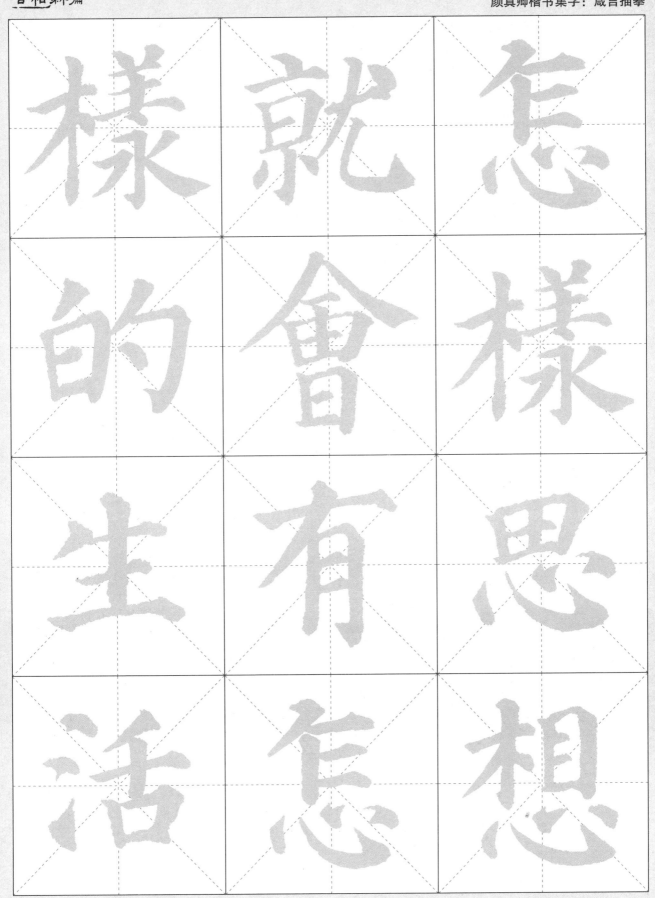

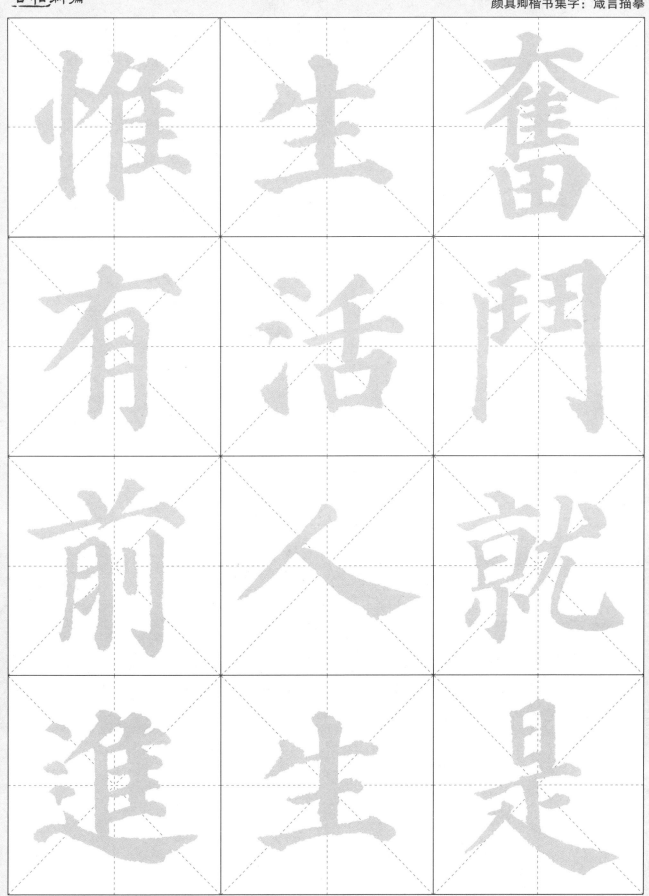

惟　生　奮

有　活　鬥

前　人　就

進　生　是

奋斗就是生活，人生惟有前进。

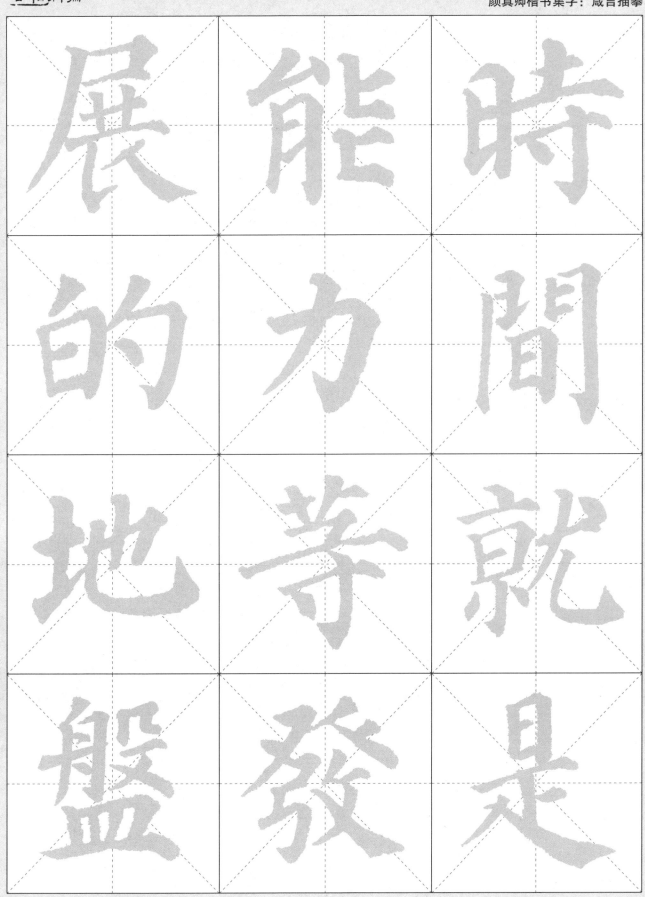

时间就是能力等发展的地盘。

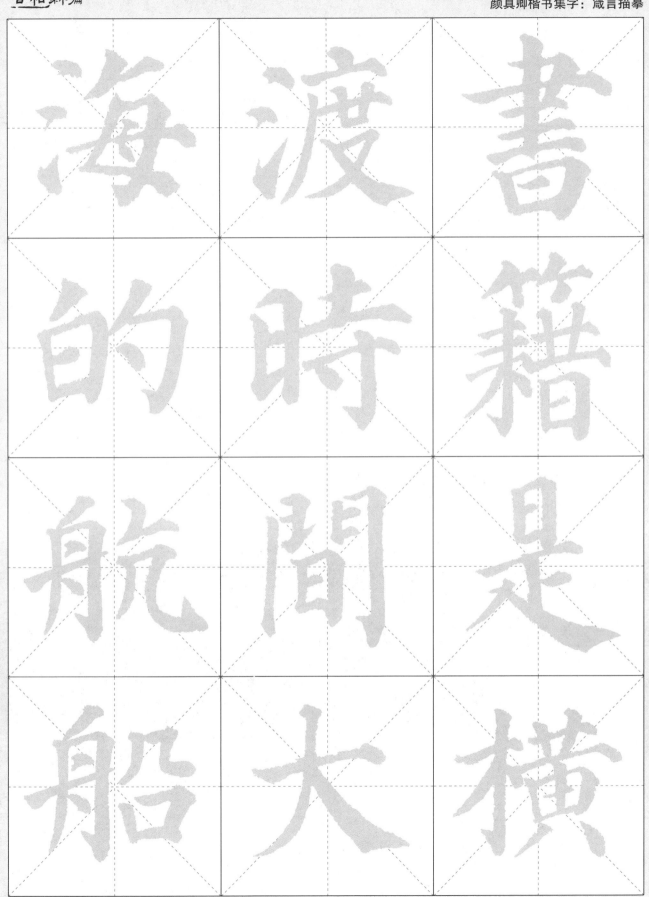

海的

渡时

书籍

航间

是

船大

横

书籍是横渡时间大海的航船。

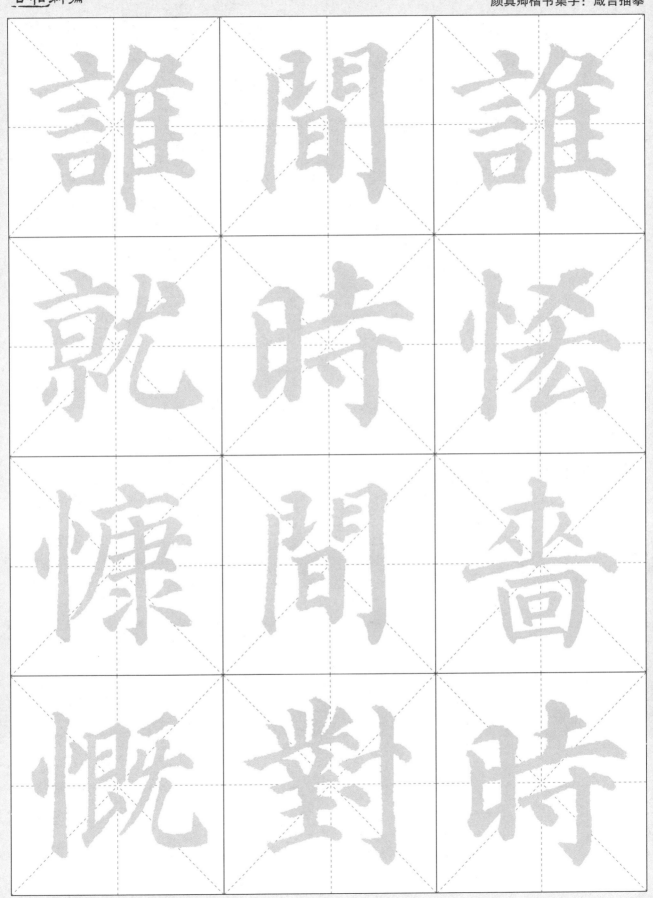

誰

閒

誰

就

時

愁

慷

閒

嗇

慨

對

時

蔭 棵 友

的 可 誼

大 以 是

樹 庇 一

友谊是一棵可以庇荫的大树。

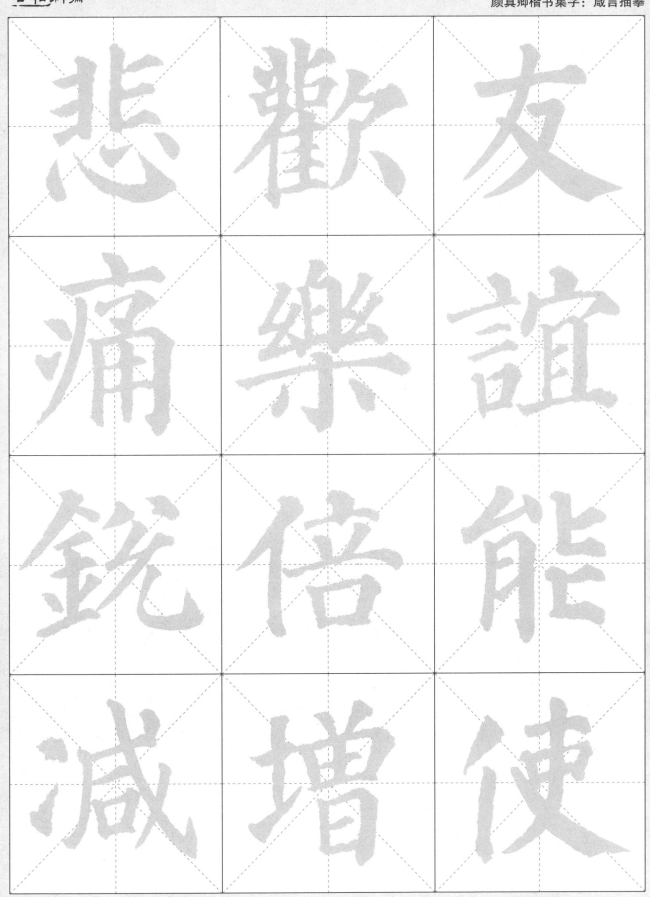

悲 歡 友
痛 樂 誼
銳 倍 能
減 增 使

友谊能使欢乐倍增，悲痛锐减。

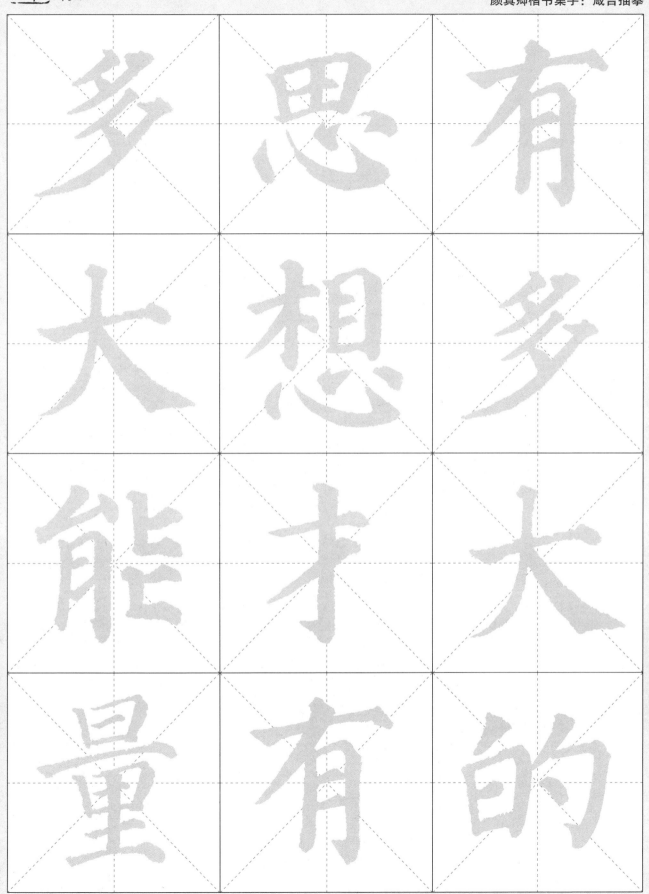

有多大的思想，才有多大能量。

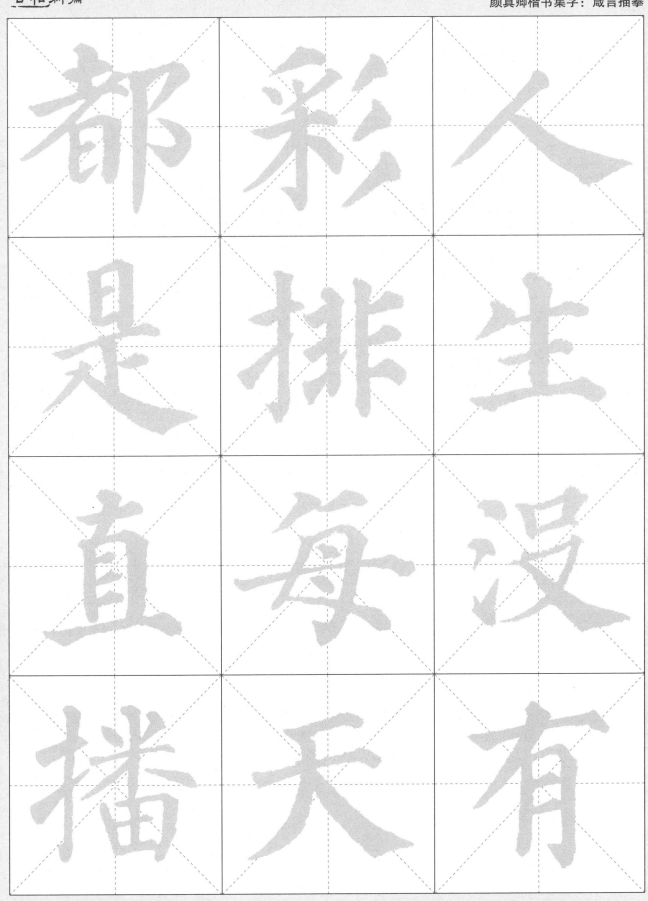

都　彩　人

是　排　生

直　每　没

播　天　有

人生没有彩排，每天都是直播。

取得知識

豐收勤學

汗水換来

汗水换来丰收，勤学取得知识。

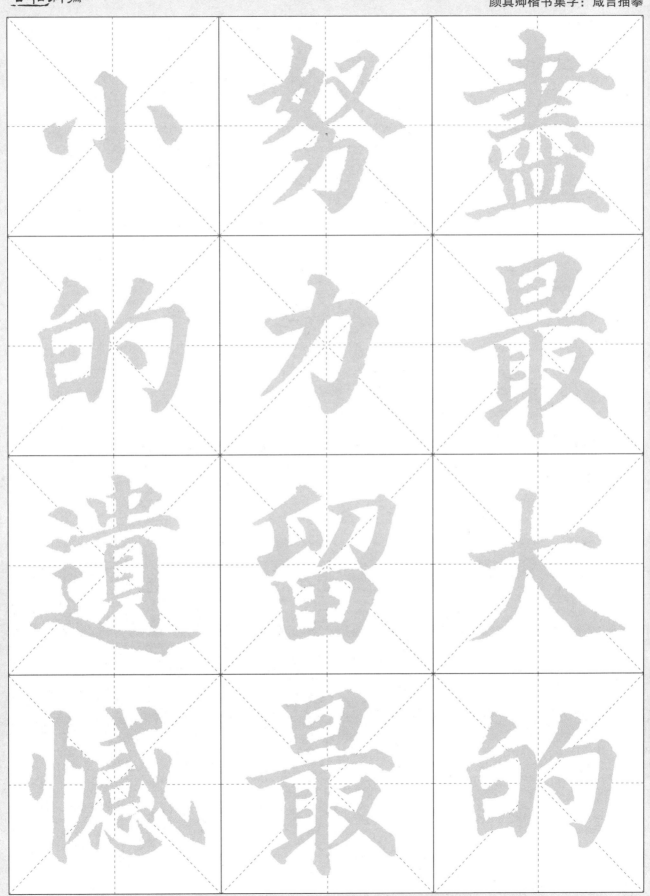

尽最大的努力，留最小的遗憾。

颜真卿楷书集字：箴言描摹

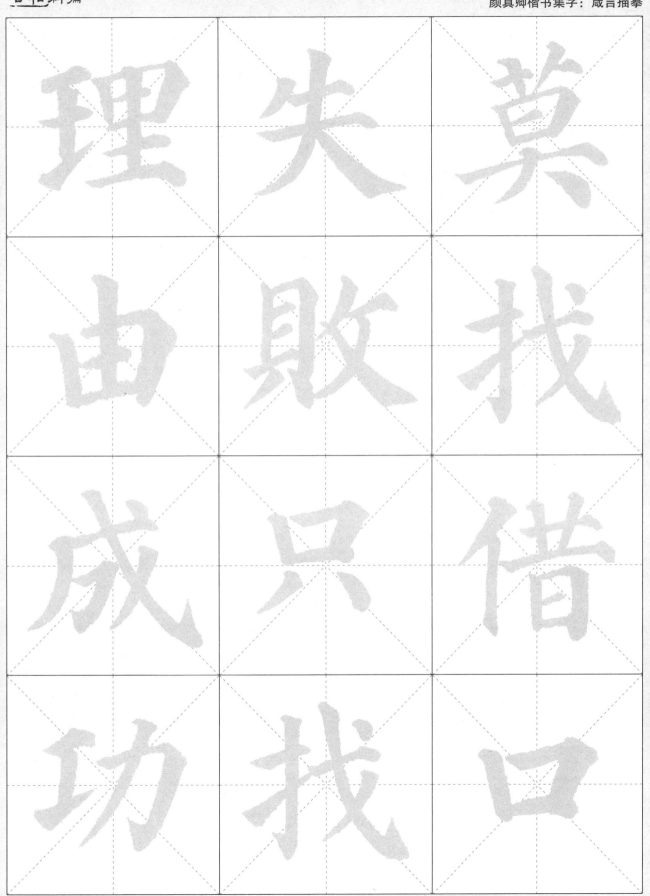

理失莫
由敗我
成只借
功我口

莫找借口失败，只找理由成功。

做	有	可
人	傲	無
不	態	傲
可	不	骨

做人不可有傲态，不可无傲骨。

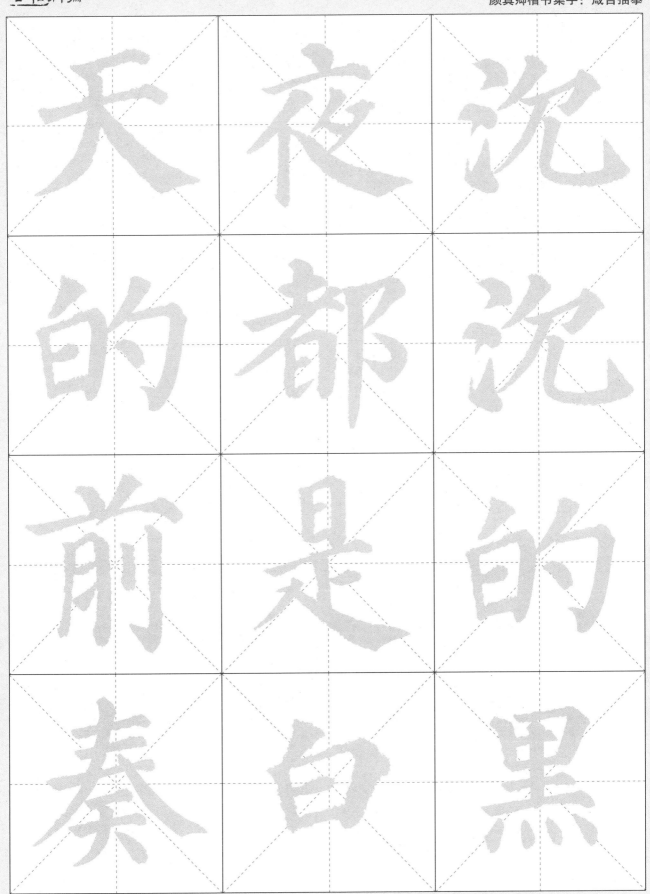

天夜沈

的都沈

前是的

奏白黑

沉沉的黑夜都是白天的前奏。